Pour Patrick

Traduit par Adolphe Chagot

Titre original : « The great blueness and other predicaments »
(Harper and Row, New York, 1968)
Loi numéro 49 956 du 16 juillet 1949 sur les publications
destinées à la jeunesse : mars 1972
Dépôt légal : décembre 2014
Imprimé en France par Loire Offset Titoulet 42 000 Saint-Étienne
ISBN 978-2-211-01686-5

Arnold Lobel

LE MAGICIEN DES COULEURS

l'école des loisirs
11, rue de Sèvres, Paris 6e

Dans la nuit des temps, il y a longtemps, très longtemps, les couleurs n'existaient pas. Presque tout était gris et ce qui n'était pas gris était noir.
C'est ce qu'on a appelé la période grise du monde.

Chaque matin, un magicien qui vivait en ce temps-là mettait la tête à la fenêtre pour contempler le paysage. « Il me semble qu'il manque quelque chose à ce monde », dit-il un jour. « Qu'il pleuve ou que le soleil brille, on ne fait pas la différence… »

Le magicien
descendait souvent
l'escalier de sa cave
sombre et grise.

Là, pour oublier
ce monde maussade,
il s'amusait à faire des expériences magiques.

Un jour que le magicien mélangeait et malaxait
un peu de ceci avec un rien de cela,
il découvrit quelque chose de bizarre au fond
de sa marmite.
« C’est bien joli ! » s’écria-t-il. « Je vais en faire
davantage. »

« Qu'est-ce que c'est ? » demandèrent les voisins
en voyant le magicien peindre sa maison.
« Une couleur », dit le magicien. « J'appelle ça du bleu. »
« S'il vous plaît », crièrent les voisins,
« donnez-nous-en un peu ! »
« Volontiers ! » répondit le magicien.

Et c'est ainsi que fut lancée la mode du bleu.
Bientôt tout fut bleu dans un monde heureux.
Les arbres étaient bleus, les vaches étaient bleues,
les coccinelles bleues, les écureuils aussi.
Le magicien circulait sur une bicyclette bleue
pour contempler partout son univers en bleu.
Il disait : « C'est merveilleux ! »

Mais, tout ce bleu, ce n'était pas
merveilleux. Après un certain temps,
le bleu attrista tout le monde.
Les enfants ne jouaient plus,
les coqs ne chantaient plus,
les saules pleuraient, le troubadour
poussait des complaintes déchirantes.

« Ce bleu est déprimant »,
dirent les voisins au magicien
qui était devenu le plus malheureux
des hommes et qui songeait :
« Personne ne rit plus, c'est vrai.
Je ne sais même plus sourire. »

« Il faut que je fasse quelque chose »,
se dit le magicien
en descendant lourdement l'escalier
de sa cave sombre et bleue.

Alors, il se mit à mélanger et à malaxer
un peu de ceci avec un rien de cela,
et il découvrit bientôt quelque chose
de nouveau au fond de sa marmite.
« Voilà qui est plus gai ! » s'écria-t-il.
« Je vais en faire davantage. »

« Qu'est-ce que c'est ? » demandèrent les voisins
en voyant le magicien peindre sa palissade.
« J'ai appelé cela du jaune », dit le magicien.
« Peut-on en avoir un peu ? » quémandèrent les voisins.
« Bien sûr ! » répondit le magicien.

Et c'est ainsi que fut lancée la mode du jaune.
Bientôt tout fut jaune dans le monde.
La rivière et la mer étaient jaunes comme le ciel,
les cochons étaient jaunes, les écureuils aussi.
Les perruques étaient comme les feuilles des arbres,
jaunes comme Papa, Maman, Petit-Pierre et son chien.
Chez l'arracheur de dents on riait jaune.
Le magicien galopait sur son cheval jaune pour explorer
son univers en jaune. Il disait : « C'est très réussi ! »

Mais, tout ce jaune, ce n'était pas si réussi.
Après un certain temps, le jaune éblouit
tout le monde. On vivait les yeux fermés,
les volets clos. On se cognait partout,
dans les rues, sur les routes.
Les oiseaux n'osaient plus voler.
« Ce jaune est trop lumineux et trop
aveuglant », dirent les voisins au magicien.
« Ne m'en parlez pas », gémissait le magicien,
qui portait une serviette humide sur le front,
« tout le monde en a mal à la tête
et moi aussi. »

Le magicien descendit donc
en trébuchant
l'escalier de sa cave sombre
et jaune.

Alors, il se mit à mélanger et à malaxer
un peu de ceci avec un rien de cela,
et il découvrit bientôt quelque chose
de nouveau au fond de sa marmite.
« C'est magnifique ! » s'écria-t-il. « Je vais
en faire davantage. »

« Comment appelez-vous ça ? » demandèrent
les voisins en voyant le magicien peindre les fleurs
de son jardin.
« Rouge », répondit le magicien.
« On en voudrait bien aussi », implorèrent les voisins.
« Tout de suite ! » dit le magicien.

Et c'est ainsi que fut lancée la mode du rouge.
Bientôt tout fut rouge dans le monde. La rivière était rouge comme le ciel, le lapin était rouge comme les canaris, le fromage était rouge, les glaces, les gâteaux, les chapeaux, les manteaux et l'écureuil aussi.
Le chat était aussi rouge que les poissons.
Le magicien canotait dans son bateau rouge.
Il disait: « C'est l'idéal! »

Mais tout ce rouge n'était pas l'idéal.
Après un certain temps, petits et grands
voyaient tout en rouge. Le rouge
leur montait à la tête et, comme chacun sait,
la colère est mauvaise conseillère.

Les petits devenaient méchants.
Ils se tiraient mutuellement les cheveux
ou se cassaient les dents.
Les grands se faisaient la guerre :
ils cassaient la vaisselle ou tiraient le canon.
Chez le juge comme à la maison
on aurait dit un combat de coqs.

Les voisins furieux prirent d'assaut
la maison du magicien.
« Cet horrible monde rouge, c'est vous
qui l'avez fait ! »
Ils lui lancèrent des pierres.
Le magicien était rouge de colère.

Il descendit
furibond l'escalier
de sa cave sombre
et rouge.

Pendant des jours et des jours, il mélangea et malaxa. Il essaya toutes les formules magiques pour trouver une nouvelle couleur. Mais il ne put faire que du bleu et encore du bleu, du jaune et encore du jaune, du rouge et encore du rouge, jusqu'à ce que toutes les marmites fussent pleines à ras bords.

Les marmites étaient si pleines qu'elles débordèrent.
Le bleu, le jaune et le rouge se mélangèrent.
Et ce fut un beau gâchis. Mais quand le magicien vit
ce qui se passait, il s'écria : « J'ai trouvé ! »
Et il dansa, fou de joie, dans la cave.

Le magicien mélangea
le bleu et le rouge, et il fit
une nouvelle couleur.

Il mélangea le jaune
et le bleu, et il fit
une autre couleur.

Il mélangea le jaune
et le rouge, et il fit encore
une autre couleur.

« Hourra ! » cria-t-il.
Et il mélangea le rouge,
le bleu et le jaune
de différentes façons.

« Regardez les belles choses que je viens d'inventer ! »
dit le magicien quand il eut terminé.
« Qu'est-ce que c'est ? » demandèrent les voisins.
« Du violet, du vert, de l'orangé… », dit le magicien.
« On en a la tête qui tourne », crièrent les voisins.
« Quelle couleur allons-nous choisir cette fois ? »
« Il faut les employer toutes un peu à la fois »,
répondit le magicien.

Les gens prirent toutes les couleurs que le magicien avait créées. Bientôt chacune d'elles trouva sa place et, après un moment, quand le magicien ouvrit sa fenêtre, il regarda et dit:
« C'est merveilleusement réussi et idéal ! »

Les voisins apportèrent au magicien, en cadeau,
des pommes rouges, des feuilles vertes,
des bananes jaunes, des fleurs bleues et du raisin.
Enfin le monde était bien trop beau
pour qu'on ait envie d'y changer quelque chose.